DO.
22.4.
9 45 UHR
FAHR-KARTE

FÜR CHRISTIANE K.
VON A.R.

Vom kleinen Raben Socke und seinen Freunden gibt es noch viel mehr lustige und spannende Bilderbuchgeschichten, alle bei Esslinger erschienen.

Und dazu:
Komm, wir malen, kleiner Rabe! (Mal- und Beschäftigungsbuch)
Komm, wir raten, kleiner Rabe! (Rätsel- und Beschäftigungsbuch)
Komm, wir spielen, kleiner Rabe! (Spiel- und Beschäftigungsbuch)
Alle meine Adressen (Adressbuch)
Alle meine Schulfreunde (Freundschaftsbuch)
Rabenstarke Geschenkartikel und Accessoires sind in der Edition Wundersam erhältlich.

Anschrift: Postfach 10 03 25, 73703 Esslingen

ISBN 3-480-21918-7

ALLES ECHT WAHR!

ODER

RABENSTARKE SCHWINDELEIEN FÜR ALLE GELEGENHEITEN

ERZÄHLT VON NELE MOOST

MIT BILDERN VON ANNET RUDOLPH

esslinger

Der kleine Rabe Socke, das Wildschwein Stulle und der kleine Dachs fahren mit der Eisenbahn. Stulles Tante Törtchen hat sie eingeladen, ihre Ferien auf dem Bauernhof zu verbringen. Jetzt überlegen sie schon mal, was sie dort so alles anstellen können.

„Also“, sagt der kleine Rabe, „erst ärgern wir die Kuh, bis die Milch sauer wird. Und dann scheuchen wir die Hühner, bis sie Rührei legen. Und dann hopsen wir ins Heu, bis der Heuboden kracht.“

„Super“, freut sich Stulle, „das werden schöne Ferien!“

„Blöd ist nur, dass die anderen nicht mitdürfen“, meint der kleine Dachs. „Aber meine Mama hat es nicht erlaubt. Sie sagt, wir drei gehen Tante Törtchen schon genug auf die Nerven.“

„Ach so, äh, wir sind übrigens vier“, verrät der kleine Rabe. „Eddi-Bär steigt nämlich heimlich am nächsten Bahnhof ein. Da sieht es deine Mama nicht und wenn sie es nicht weiß, kann sie auch nicht böse sein. Und Tante Törtchen stört einer mehr bestimmt nicht!“

Da hält der Zug auch schon an und bald hören sie Eddis Stimme.
„Hallo, wo seid ihr“, ruft Eddi-Bär. „Ich hab noch’n paar mitgebracht. Den Wolf und das Schaf. Ist doch prima, oder?“
Der kleine Dachs wird nervös. „Oje, das gibt Ärger“, sagt er.
„Keine Sorge“, krächzt Socke. „Die zwei mehr schmuggeln wir durch.“
„Das habe ich auch gedacht“, gesteht Stulle und öffnet seinen Koffer. Und dann raschelt es sogar noch unter der Sitzbank und aus dem Rucksack vom Schaf kriecht ein Eichhörnchen.
„Ach du dickes Ei“, staunt Eddi-Bär, als er alle seine Freunde entdeckt. Und selbst der kleine Rabe ist überrascht. Dass sie so viele sein würden, damit konnte ja wirklich keiner rechnen.
„Die müssen wir verstecken“, beschließt er, „sonst schickt uns Tante Törtchen gleich wieder nach Hause.“

BLINDER
PASSAGIER

Aber wie? Die passen ja gar nicht alle in die Koffer. Die Freunde stecken die Köpfe zusammen und denken schwer nach.
Schließlich sagt der kleine Rabe: „Wir müssen eben schwindeln."
„Schwindeln? Wie geht das denn?", fragt Eddi-Bär.
„Na, wenn Tante Törtchen fragt: Seid ihr vier, dann sagst du einfach ‚Ja'."
„Aber das stimmt doch gar nicht. Wir sind doch vier und noch einer und viele", widerspricht Eddi-Bär.
„Trotzdem: Immer ‚Ja' sagen", erklärt Socke. „Das ist ‚Schwindeln'. Spielverderber nennen das ‚Lügen'."

„Also, ‚Ja' sagen, egal was ist", wiederholt Eddi-Bär. „Das schaff ich!"
„Na prima", freut sich der kleine Rabe und dann erklärt er den Plan: „Eddi, Stulle, der Dachs und ich erkunden erst mal die Lage. Ihr anderen steigt auf der anderen Seite aus und schleicht heimlich hinter uns her. Alles klaro?"
Alle nicken und versprechen, sich beim heimlich Schleichen und beim Schwindeln große Mühe zu geben.

Tante Törtchen erwartet ihre kleinen Besucher auf dem Bahnsteig. Sie begrüßen sich und dann nimmt jeder sein Gepäck. Tante Törtchen will gerade dem Dachs helfen und seinen Koffer auf die Karre heben, da entdeckt sie die anderen.

„Wer sind die denn?“, fragt sie. „Gehören die zu euch? Mit so vielen hatte ich gar nicht gerechnet.“

„Nein, nein. Die kennen wir überhaupt nicht“, schwindelt Stulle. „Das sind ganz Fremde. Die sprechen alle Chinesisch oder so.“

„Na so was“, wundert sich Tante Törtchen. „Und woher weißt du das?“

„Äh ...“, stottert Stulle, kriegt rote Ohren und weiß nicht weiter.

„Von mir“, springt der kleine Rabe ein. „Ich hab's in der Zeitung gelesen.“

„Du liest Zeitung?“, fragt Tante Törtchen.

„Klar, jeden Tag drei. Eine vorwärts, eine rückwärts und eine andersrum“, behauptet der Rabe frech. Tante Törtchen wundert sich noch mehr. Und der kleine Dachs denkt: „Au weia, das geht schief.“

EXPRESS

Bis zum Bauernhof ist es nicht weit. Tante Törtchen schaut sich immer wieder um.
„Komisch, ich habe das Gefühl, wir werden verfolgt“, sagt sie beunruhigt. „Habt ihr nicht auch gerade einen Hasen gesehen?“
„Ja“, sagt Eddi-Bär, so wie es ihm der Rabe beigebracht hat. „Aber du brauchst keine Angst zu haben. Das ist nur ...“ Schnell boxt ihm Stulle in die Seite. Beinahe hätte Eddi alles verraten.
„Das ist ganz normal“, mischt sich Socke ein. „Weißt du, ich sehe auch schon überall Hasen. Hinter dem Baum und auf dem Zaun und im Gebüsch. Das kommt, wenn man Hunger hat.“
„Ach du meine Güte“, staunt Tante Törtchen. „Das wusste ich gar nicht. Wie gut, dass es gleich zu Hause etwas zu essen gibt.“
Dem kleinen Dachs ist der Hunger vergangen.

Auf dem Hof ist der Tisch schon gedeckt. Es gibt eine Pilztorte, die mit frischem Gemüse verziert ist, und danach Schokolinsenkekse. Die vier essen jeder ein großes Stück Torte.

Dann fällt ihnen ein, dass ihre Freunde ja auch Hunger haben. Also lassen sie, immer wenn Tante Törtchen gerade nicht hinschaut, einen Keks oder ein Tortenstück verschwinden.

„Kinder", sagt Tante Törtchen entsetzt, „ihr bekommt ja Bauchschmerzen, wenn ihr so viel futtert. Jetzt ist erst mal Schluss."

„Aber es ist doch für jeden nur ein kleines ...", erklärt der Dachs ganz ehrlich. Stulle muss plötzlich husten. „Ich meine", stammelt der Dachs, „meine Mama ist schuld, die hat verboten, dass ..."

Schnell unterbricht ihn der kleine Rabe: „... sie hat verboten, Kuchen zu essen. Weil sie nämlich eine Hollywood-Diät macht. Da gibt es jeden Tag nur Salatblätter und wir mussten uns sogar eins teilen."

„Arme Kinder", meint Tante Törtchen voller Mitleid. „Na, dann esst mal tüchtig."

Tante Törtchen ist so lieb. Schade, dass die vier sie anschwindeln müssen. Aber sie müssen doch ihren Freunden helfen.

Nach dem Essen helfen Stulle und der Dachs den Tisch abzuräumen. Socke und Eddi-Bär bringen ihren Freunden heimlich den erbeuteten Kuchen. Jeder will das größte Stück und drängelt nach vorne – Rumms, da ist es passiert. Das ganze Regal fällt um und die Töpfe zerbrechen. Alle kriegen einen Riesenschreck und verstecken sich schnell in der Scheune, nur nicht Eddi-Bär und der kleine Rabe. Tante Törtchen hat den Krach gehört und die Hühner kommen auch angeflattert.
„Wie ist denn das passiert?", schimpft Tante Törtchen. „Wart ihr das?"
Jetzt muss Eddi-Bär schon wieder schwindeln: „Ja", sagt er, wie Socke es gewollt hat.
Der kleine Rabe schüttelt verzweifelt den Kopf und krächzt: „O nein – äh, ja, Eddi wollte nur sagen: Ja, wir können nichts dafür."
Verärgert wendet sich Tante Törtchen an die Hühner: „Dann wart ihr das wohl. Könnt ihr nicht besser aufpassen?"
Die Hühner sind gleich beleidigt und gackern noch lauter.

„Jetzt zeige ich euch erst mal euer Zimmer“, sagt Tante Törtchen. Gemeinsam steigen sie die enge Treppe zum Dachboden rauf.
„So, hier könnt ihr es euch gemütlich machen. Soll ich euch helfen, das Gepäck raufzutragen?“ bietet Tante Törtchen an.
„Nee, lass mal“, sagt der kleine Rabe. „Das kann Eddi machen, der macht das gerne.“ Eddi will schon protestieren, aber Stulle flüstert ihm zu, dass sie so die anderen einschmuggeln können.
Also geht Eddi-Bär mit Tante Törtchen wieder runter und schnappt sich den ersten Koffer. Kaum ist er mit dem Koffer oben angekommen, kippt der Dachs ihn aus und schmeißt ihn aus dem Fenster. Unten steht Socke und lässt als erstes das Schaf in den Koffer steigen. Dann schleift er ihn vors Haus und Eddi-Bär macht sich wieder auf den Weg nach oben.
Irgendwann wundert sich Tante Törtchen: „Sag mal, du bist ja immer noch nicht fertig! So viele Koffer hattet ihr doch gar nicht?“
„Ja“, keucht Eddi-Bär, „aber ...“
Diesmal muss Stulle dem Freund helfen. „Weißt du, Eddi will Kofferträger-Weltmeister werden, deswegen trägt er jeden Koffer zweimal hoch.“

USA

Die vier haben es geschafft – alle ihre Freunde sind jetzt auf dem Dachboden. „Und wo schlafen wir?“, fragt der Wolf. „In die Betten passen wir nicht alle rein.“
Socke hat eine Idee: „Im Stall liegen viele Decken. Die holen wir uns.“
„Und ich besorg noch ein paar Kissen“, sagt Stulle.
Als Tante Törtchen neue Blumentöpfe aus dem Stall holen will, vermisst sie die Decken.
„Habt ihr die Decken weggenommen“, fragt sie Eddi-Bär und den Dachs, die gerade die letzten Decken holen wollen.
„Ja“, brummt Eddi-Bär, „aber mehr sag ich diesmal nicht. Frag den da.“
„Also, weißt du, die Decken, die sind ja gar nicht für uns“, verteidigt sich der Dachs zögernd. Er weiß, dass er gleich alles verraten wird.
Aber da kommt der Rabe angedüst. „Die sind für die Kuh“, keucht er außer Atem. „Die will sich damit ein Zelt bauen und Kunststücke aufführen, durch brennende Reifen springen und so.“
„Mit meinen Decken!“, ruft Tante Törtchen empört.
„Der erzähl ich was.“

Am Abend gehen alle früh ins Bett. Die Stimmung ist mies. Die Töpfe sind kaputt, die Hühner haben wegen der Aufregung keine Eier gelegt und die Kuh hat Stallarrest und weiß nicht warum – aber das Allerschlimmste ist, dass die Freunde gar nicht richtig spielen können, weil sie immer Angst haben müssen, erwischt zu werden.
Und Tante Törtchen ist auf alle böse. „Ich weiß nicht, was hier los ist. Jetzt sind auch noch meine ganzen Kissen verschwunden. Hoffentlich ist morgen ein besserer Tag", sagt sie.
„Ja, bestimmt", tröstet sie der kleine Rabe. „Weißt du, in manchen Tagen ist der Wurm drin. Der frisst sich durch die Stunden, bis der Tag wie ein Löcherkäse aussieht. Dann ist der Wurm satt und der Tag ist im Eimer."
„Ist das wahr?", fragt Tante Törtchen erschöpft.
„Na klar", antwortet der kleine Rabe, bevor er in sein Bett flattert.
„Mir kannst du glauben."

Am nächsten Morgen will Tante Törtchen ihre Gäste mit einem Frühstück im Bett überraschen. Leise macht sie die Tür auf – und fällt fast über etwas Weiches. Schnell zieht sie die Vorhänge auf und traut ihren Augen nicht. Vierzehn verschlafene Tiere schauen sie erschrocken an.
Der Rabe will schnell eine Ausrede finden, dass die Chinesen nachts gekommen sind und dass sie Tante Törtchen nicht wecken wollten.
Aber Tante Törtchen will nichts mehr hören. Sie ist jetzt wirklich wütend. Das haben die Freunde nicht gewollt. Überhaupt sind die Ferien so ungemütlich geworden. Alle haben schlechte Laune und die ewige Heimlichtuerei und das viele Schwindeln ist so anstrengend.
„Wir müssen dir was sagen, aber du darfst nicht böse sein", gesteht der kleine Dachs.
Tante Törtchen hat keine Geduld mehr: „Willst du mir jetzt wieder eine Lügengeschichte erzählen, oder was?", schimpft sie.
„Ja", brummt Eddi-Bär.
„Nein", ruft der kleine Rabe schnell. „Das da sind unsere Freunde und wir wollten dich alle besuchen. Und das ist echt wahr!"

Sie erzählen von Frau Dachs und wie sie sich alle in der Eisenbahn getroffen haben. Tante Törtchen ist erst noch ein bisschen böse, aber dann muss sie lachen.
„Ich habe doch gern Besuch. Je mehr, desto besser“, sagt sie.
Alle sind erleichtert, dass die Schwindelei ein Ende hat. Ganz besonders der kleine Dachs. Jetzt werden es bestimmt schöne Ferien.
Und damit sie den verkorksten Anfang vergessen, gibt es am Abend ein großes Fest mit Musik. Alle tanzen bis spät in die Nacht.
Und der kleine Rabe sagt: „Wenn mich jetzt einer ins Bett schicken will, dann sag ich, dass das nicht geht, weil gleich die Mondkälber landen und da muss ich mit der Laterne leuchten, damit sie sich nicht die Hacksen verstauchen und ins Mondkälberkrankenhaus müssen, was ja besetzt ist, weil die Betten alle von den Marshühnern belegt sind ...“
Da stöhnt Tante Törtchen: „Nicht schon wieder, du kleiner Lügenrabe!“